AF212223

Dostoyevski lee a Hegel en Siberia y rompe a llorar

LÁSZLÓ F. FÖLDÉNYI

Dostoyevski lee a Hegel en Siberia y rompe a llorar

Traducción de
Adan Kovacsics

Galaxia Gutenberg

Título de la edición original:
Dosztojevszkij Szibériában Hegelt olvassa, és sírva fakad
En la edición original: A gömb alakú torony
Traducción del húngaro: Adan Kovacsics Meszaros

Publicado por
Galaxia Gutenberg, S.L.
Av. Diagonal, 361, 2.º 1.ª
08037-Barcelona
info@galaxiagutenberg.com
www.galaxiagutenberg.com

Primera edición: marzo de 2026

Preimpresión: Maria Garcia
Impresión y encuadernación: Romanyà-Valls
Plaça Verdaguer n.º 1, 08786-Capellades
Depósito legal: B 571-2026
ISBN: 979-13-88019-55-5

En la primavera de 1854, después de cuatro años de trabajos forzados, Dostoyevski fue enviado como soldado raso a la gran «vertiente norte» de Asia, situada en el sur de Siberia, concretamente a Semipalatinsk. La ciudad, poco más grande que un pueblo, contaba entre cinco mil y seis mil habitantes; la mitad de ellos eran kirguises, gran parte de los cuales vivía en yurtas. La población apenas sentía alguna afinidad con los rusos europeos; los llamaba «gente de la tierra madre» y los miraba con desconfianza. Sin embargo, esta gente aumentaba de forma continua; entre 1827 y 1846, el número de personas desterradas a Siberia alcanzó los 159.000.

La ciudad estaba rodeada de un árido desierto; ningún árbol, ningún arbusto, sólo arena y abrojo por doquier. La casa habitada por Dostoyevski se hallaba en la zona más desolada de la ciudad, en medio de las dunas. Una empalizada alta rodeaba el patio, y la puerta era tan baja que los visitantes debían inclinarse profundamente para entrar.

Allí vivía Dostoyevski, en una habitación amplia, pero baja, ocupada por una cama, una mesa y un arcón, así como por un espejito enmarcado que colgaba en la pared. Y allí entabló amistad con Alexandr Yegorovich Vrangel, el fiscal del lugar, que por aquel entonces sólo tenía veintiún años y que, desde que se conocieron, apoyó durante más de una década de forma enteramente altruista al escritor. Éste explicaba a Vrangel sus proyectos narrativos, le recitaba sus versos preferidos de Pushkin y le tarareaba las arias más célebres. Hablaban poco sobre religión; si bien Dostoyevski era creyente, no acudía a la iglesia y no quería a los popes. Tanto mayor era el entusiasmo con que hablaba de Jesucristo. Mientras, no cesaba de trabajar: en el manuscrito de *Apuntes de la Casa Muerta*, al que de vez en cuando dejaba echar un vistazo a Vrangel. A cambio, el fiscal le conseguía libros. Y no tardaron en estudiar juntos, de manera regular, día tras día. En sus memorias, Vrangel no revela el título del libro utilizado para sus estudios. Sólo menciona el nombre del autor: Hegel.[1]

1. A. J. Vrangel, *«Dosztojevszkivel Szibériában»*, en: *Istenkeres, pokoljáró. Kortársak beszélnek Dosztojevszkiról* [«Con Dostoyevski en Siberia», en: *Buscador de Dios, viajero del infierno. Contemporáneos hablan sobre Dostoyevski*], Budapest, 1968, pp. 137-156.

No sabemos qué libro solicitó de Alemania Vrangel, abonado a la *Augsburger Allgemeine Zeitung*. Así pues, lo elegiremos nosotros: los cursos sobre la filosofía de la historia universal que Hegel impartió entre el otoño de 1822 y la primavera de 1831 en la Universidad de Berlín, es decir, mientras miles y miles de personas iban llegando, desterradas, a Siberia. Los cursos se publicaron en forma de libro en 1837, y en 1840 apareció una versión nueva y revisada. Vrangel tal vez pidió el libro tras hojearlo un poco. Entra dentro de lo posible porque Hegel también menciona Siberia en sus cursos. Y sólo lo hace para explicar por qué no trataba de Siberia. La explicación de Asia empieza con el siguiente comentario: «Primero hemos de dejar de lado la vertiente norte, Siberia. Se halla fuera del ámbito de nuestro estudio. Las características del país no le permiten ser un escenario para la cultura histórica ni crear una forma propia en la historia universal».[1]

Podemos imaginar el asombro de Dostoyevski cuando leyó estas líneas a la luz de una vela de sebo. Y su desesperación al ver que allá en Europa, por cuyas ideas había sido condenado a muerte y finalmente desterrado, no se prestaba atención alguna a su sufrimiento. Porque él sufría en Siberia, en aquel mundo que no formaba parte de la historia. Por eso, desde la perspectiva europea, tampoco había esperanza de salvación. Dostoyevski podía considerar con toda razón que no sólo había sido desterrado a Siberia, sino expulsado a la no existencia. Únicamente un milagro podía salvarlo, un milagro cuya posibilidad no sólo excluía

1. G. W. F. Hegel, *Vorlesungen über die Philosophie der Weltgeschichte*, Hamburgo, Meiner, p. 233. [*Lecciones sobre filosofía de la historia universal*, Madrid, Alianza, 2005.]

Hegel, sino también el espíritu europeo de la época. Aquel espíritu proclamaba en voz alta la existencia de Dios, pero rechazaba la idea de que Dios pudiera dar no sólo órdenes generales, sino también singulares, referidas al individuo; aquel espíritu situaba las leyes naturales por encima de todo y negaba lo que Dostoyevski formularía más tarde diciendo que uno puede rebelarse incluso contra el resultado de la multiplicación de dos por dos; y ese mismo espíritu daba su asenso al Estado de derecho moderno, haciendo hincapié en su vigencia ilimitada y olvidando de paso que para la creación del derecho no necesariamente se precisa del derecho.[1]

Muy posiblemente, justo cuando se enteró de que había sido apartado de la historia por la cual había soportado todas aquellas

---

1. Véase Carl Schmitt, *Politische Theologie* [Teología política], Múnich-Leipzig, 1934, p. 235.

persecuciones, nació en él la convicción de que la vida tal vez posee ciertas dimensiones que no tienen cabida en la historia, de que la prueba de la propia existencia no puede limitarse a los criterios de la existencia histórica. De que el ser humano, si siente y experimenta realmente el peso de su existencia, se desprende al mismo tiempo de la historia y entonces el peso de cuanto se halla allende la historia cae sobre él del mismo modo en Berlín que en Semipalatinsk. Y de que es preciso apartarse de la historia para poder observar los límites y restricciones de la existencia histórica.

Sin embargo, para ello hay que admitir también la posibilidad del *milagro,* que suprime el carácter excluyente del espacio y del tiempo. Y si el propio Hegel admite que ciertos territorios geográficos se desgajan de la historia, tal cosa también significa que la historia no dispone de la ilimitación divina: la rodea algo que está más allá de la historia. Es decir, lo necesario linda con lo imposible, lo natural con lo sobrenatural, lo legal con lo arbitrario, la política con la teología. Pero lo que se encuentra más allá de las fronteras, también se infiltra en el interior. Sólo se puede excluir aquello que nos ha afectado por dentro.

El hecho de haber sido expulsado de la historia debe de haber propiciado la fe de Dostoyevski en los milagros; pero también la experiencia de que la organización moderna del mundo obedece a una ley implacable. *La historia manifiesta su esencia a quienes antes ha excluido.* Esta idea jamás se le ocurrió a Hegel, y eso que se pasó una década impartiendo clases sobre historia. Dostoyevski, en cambio, no necesitó una década para llegar a esta conclusión. Vivió en carne propia el hecho de que ninguna época rechazaba el sufrimiento tal como hacía la cultura iniciada por la Ilustración, con el resultado de que no suprimía el sufrimiento, sino que únicamente lo tapaba, pues ella misma se basaba en el sufrimiento. El sufrimiento silenciado y ocultado sale a la luz y resulta imposible de esconder cuando los límites del ámbito de influencia se vuelven visibles, concretamente para quienes han salido (o han sido expulsados) de la historia. Bien es cierto que tal percepción –que es una verdadera Ilustración– no suprime el sufrimiento, pero permite que éste, en vez de consumir al hombre por dentro cuando queda reprimido, conduzca a algo así como la redención, es decir, al equilibrio interno, a la salud.

Dostoyevski tal vez escribió las siguientes líneas al leer el riguroso juicio de Hegel: «¿Quién podría ufanarse de haber explorado las reconditeces de aquellos corazones perdidos y de haber descubierto en ellos los secretos ocultos al mundo entero? [...] Evidentemente, el delito no puede ser interpretado desde un punto de vista estático, y su filosofía es algo más difícil de lo que se supone».[1] Estas almas estaban perdidas, escribe Dostoyevski, eran «privadas de todo derecho civil, detritus de la sociedad, con estigmas en la cara para eterno testimonio del repudio de que eran objeto».[2] De estos *Recuerdos* emana una rebeldía desafiante: la rebeldía de los excluidos que, por otra parte, no ven ningún sentido en regresar al sitio desde donde fueron marginados. El libro no es el manifiesto de una rebelión política ni de la indignación moral, sino el de un enfrentamiento con toda la existencia; en particular, con la idea histórica secularizada que tuvo en Hegel a uno de sus principales

1. F. M. Dostoyevski, *Apuntes de la Casa Muerta*, en *Novelas y relatos* (1859-1862), OO. CC., vol. II, Barcelona: Galaxia Gutenberg, 2021, p. 954.
2. *Ibid.*, p. 16.

portavoces y según la cual el sufrimiento sería suprimido algún día, aquí, en la existencia terrenal.

Dostoyevski alza la voz en nombre de quienes han quedado marginados de esta fiesta universal y a quienes ya Schiller condenó en su *Oda a la alegría* a salir llorando del círculo de los millones de felices celebrantes. A Schiller no se le ocurre la idea de que los demás acojan y ayuden a quienes han quedado fuera y, por mucho que se esfuercen, no encuentran ni amigos, ni compañeros, ni consortes. En vez de acogerlos y tratarlos con buenas palabras, los persiguen y los expulsan. Fuera de la historia, pues son ellos, los dichosos y exitosos, quienes la crean. Leyendo a Hegel, Dostoyevski bien puede haber sentido que a él tampoco lo cubría el espacio sideral de Schiller. No le quedaba, pues, otro remedio que llorar él también. Y rebelarse. Este libro es la Biblia de la rebelión. No lo sostiene la dialéctica que todo lo explica, sino el sufrimiento y el llanto; la esperanza que brota de él y la fe en el milagro crecen de forma proporcional con la hondura de la desesperación.

El juicio de Hegel sobre Siberia no debe de haber sorprendido al lector de Semipalatinsk. La acusación está redactada con tal lógica, minuciosidad y circunspección que hasta podría proporcionar cierto placer estético, si estuviera escrita de manera más bella y, sobre todo, humana. He aquí los fundamentos: «A quien mire el mundo de modo racional, el mundo lo mirará de modo racional».[1] O quizá no lo mire, habrá pensado Dostoyevski mientras echaba un vistazo al espejito colgado en la pared de su cuarto. Nadie *mira* desde el espejo. Tratemos de escrutarnos; nuestra mira-

1. Hegel, *Vorlesungen...*, *op. cit.*, p. 18.

da se clavará en un ojo *extraño* que, sin embargo, mira sin vida a la nada. No sólo no mira hacia fuera, sino que tampoco hacia dentro. Está muerto, rígido, y para colmo, si lo miramos fijamente, es fantasmal. Sin embargo, no podemos desprendernos de la idea de que vive; al mismo tiempo, nuestro saber no coincide con nuestra visión. Tratamos de captar la mirada de nuestro ojo y vivimos, en cambio, el fracaso de nuestro saber. Y si seguimos obsesionados por ver lo invisible –la vitalidad que acecha en el espejo–, fácilmente podremos acabar como Narciso: procuramos descubrir la prueba de nuestra vitalidad en aquello que no es vital. Intentamos llegar a la vitalidad por el desvío de la existencia fantasmal. Buscamos la sustancia de la vida en lo muerto. Así, la propia vida se transforma en muerte, claro está. En algo rígido, inerte, fantasmal. Y eso que, en un principio, pretendíamos echar un vistazo justamente a la vitalidad.

La célebre frase de Hegel se pronunció al comienzo de sus cursos sobre la filosofía de la historia universal. La «racionalidad» es uno de los conceptos que con mayor frecuencia aparecen en estos cursos. Recuerda bancos de arena en los que resulta difícil no encallar. Es más, da la impresión de que tal era, de entrada, la intención de Hegel. Trata de redactar la historia universal de tal modo que sólo pueda entrar en su cauce aquél o aquello que sepa encallar en los bancos de arena de la racionalidad. Ahora bien, si alguien o algo logra pasar indemne estos escollos, superar la historia y llegar al océano de la libertad que la razón no puede cercar, Hegel, aunque parezca extraño, no siente ninguna alegría. En vez de alegrarse de que algunos pueblos, épocas o territorios escaparan a la catástrofe, se ensombrece, se impacienta, su estilo se vuelve precipitado y a veces incluso directamente nervioso, hasta que, finalmente, los cubre con la maldición del olvido. Los supervivientes se convierten así en perdedores.

La seductora metáfora del mundo que se mira de modo racional parece tan palmaria como una revelación divina. Pero si miramos en qué entorno de ideas y premisas se pronunció, observaremos que Hegel se vio obligado a aferrarse al salvavidas de la razón a causa de represiones, de temores supersticiosos e incluso del más irracional de los miedos: como si temiera ser arrastrado por algo. Para sistematizar (es decir, para poner bajo control) aquello que rodeaba su vida o, más bien, se adelantaba a ella, inventó una historia para ponerla como un retículo sobre la riqueza de la vida. O como una red sobre la multiplicidad imposible de cercar. Utilizó la filosofía como un arma, para que no deje la historia «tal como es, sino que la organice según el pensamiento y construya una historia *a priori*»[1]. Sin embargo, la verdadera tarea de la historia inventada, construida, no consiste en proporcionar una imagen «objetiva» de la existencia, sino en proteger a su ingeniero y constructor, con el fin de que no se hunda en lo inorganizable e implanificable, o sea, en aquello que no obedece a la mente y al entendimiento.

¿Qué es la historia? Hegel no nos revela gran cosa. La frase con que abre el ciclo de cursos es sospechosamente vaga. «No he de decir nada sobre lo que es la historia, la historia universal: bastará la idea general que se tiene de ella.»[2] Y añade, como para tranquilizarse: «Nosotros también coincidimos con dicha idea». Cuando elabora esta filosofía de la historia, llama sobre todo la atención hasta qué punto se muestra reacio a apuntar algo valioso sobre los criterios de

1. Hegel, *Vorlesungen...*, *op. cit.*, p. 13.
2. *Ibid.*

la historia. Como si un miedo supersticioso le impidiera hablar *precisamente de ello.* Dostoyevski debe de haber tenido desde el inicio del libro la impresión de que Hegel pretendía presentar la filosofía de lo silenciado, de lo secreto, de lo oculto.

Para hacerlo, ha de cerrar los ojos. Pues ¿qué vería si los tuviese abiertos? Una imagen enorme, una variedad infinita. A su alrededor se agita «todo cuanto puede encontrar el camino al alma del ser humano e interesarlo, todos los sentimientos de lo bueno, de lo bello, de lo grande toman la palabra, por doquier se fijan y se persiguen objetivos que reconocemos y cuya realización deseamos; son los objetos de nuestras esperanzas y de nuestros temores».[1] Pero ¿por qué no debe verse esta agitación? Por-

1. Hegel, *Vorlesungen...*, *op. cit.*, pp. 20-21.

que, responde Hegel una vez más con sospechosa precipitación, todo ello es *casualidad*. Pero luego se traiciona al agregar: «En la historia universal tenemos a la vista la imagen concreta del *mal* en su máxima existencia, y la historia universal nos da la impresión de un matadero en que se sacrifica a los individuos y a pueblos enteros; vemos sucumbir lo más noble y bello. No parece haber proporcionado ningún beneficio y a lo sumo parece quedar esta o aquella obra perecedera que lleva en la frente el sello de la putrefacción y que pronto será apartada por otra igualmente transitoria».[1]

Dostoyevski leyó a buen seguro que el matadero es aquello que no debe percibirse. Al hablar de la historia universal, es esencial silenciar precisamente esa característica suya más profunda. En nombre de la razón

1. *Ibid.*, p. 751.

es necesario dejar de lado la experiencia más intensa. El sufrimiento, la muerte, lo incontrolable, o sea, todo cuanto el ser humano no domina y a lo que más bien está sometido. «La razón no puede detenerse en el hecho de que algunos individuos hayan sido ofendidos; los objetivos particulares se pierden en lo general.»[1] Hegel quiere considerarse sobre todo un amo –pues el amo es, como bien se sabe, más feliz que el esclavo–, para lo cual se ve obligado a reordenar el mundo conforme a sus gustos y deseos. Hegel intenta fundamentar su filosofía en la razón. Sin embargo, los fundamentos más profundos de su edificio no obedecen en absoluto a la razón. Su filosofía esconde el deseo desde luego caduco de la victoria y de la consiguiente felicidad. Y un ojo atento, como debía de ser el de Dostoyevski, también descubrió allí la experiencia silenciada

1. Hegel, *Vorlesungen...*, *op. cit.*, p. 32.

del sufrimiento, de la muerte, del fracaso y de la derrota.

Deseos, instintos, temores, terrores, represiones, negaciones: de ahí intenta emerger la razón de la historia, cual copia romana, nívea, pulida y domesticada de una estatua griega. Desde luego, no lo consigue del todo. La efervescencia de las profundidades –la ciénaga– va tiñendo poco a poco el mármol a través de grietas del grosor de un cabello. Escribe Hegel en *Principios de la filosofía del derecho* que la historia universal se mueve al margen de la justicia, de la virtud, de la injusticia, de la violencia y del vicio, de los talentos, de las grandes y pequeñas pasiones, de la culpa y de la inocencia. Es decir, al margen de todo cuanto llamamos vida. Así justifica él que no todos los pueblos formen parte de la historia universal. Sin embargo, «el pueblo que la encarna y sus hechos alcanzan su realización, su fama y su felicidad».[1] Felicidad, fama y éxito: para el protestante Hegel, cada cosa más seductora que la otra. Más atractivas, desde luego, que el sufrimiento y la muerte. Sin embargo, si no pueden manifestarse abiertamente, es decir, con libertad, sino sólo por el desvío de las represiones, acaban dañadas y se pudren. Y cuando Hegel las subordina a la razón, lo hace en última instancia por miedo. Se aferra a la felicidad porque no le gusta ocuparse de la desdicha; se pone del lado de los afortunados porque no quiere tomar nota de los sufrimientos de los derrotados; y no centraría la mirada con tal insistencia en el éxito si no estuviera secretamente convencido de la transitoriedad de todo, incluida la razón.

1. Hegel, *Principios de la filosofía del derecho*, Barcelona, Edhasa, 1999, p. 345.

Quien insista en mirar el mundo de modo racional, será tarde o temprano víctima de la irracionalidad: de manera más rápida y espectacular que quien pretende vivir sobre todo libremente. La razón no es amo y creador de la libertad, sino sólo partícipe de ella. Lo decisivo es la libertad; y la razón en sí misma es uno de sus instrumentos, no su desencadenante. La libertad no es una función de la felicidad, de la gloria o del éxito, sino que plantea en qué medida es capaz el hombre de experimentar lo ilimitado dentro de su existencia limitada. «Los cielos son cielos para Yahvé; la tierra se la dio a los hijos del hombre», leemos en Salmos 115, 16. Bien es cierto que Dios no mora entre los hombres, pero todo cuanto no es celestial (divino), sino terrenal (humano), raya con lo infinito. Dios, siendo infinito, no linda con nada y, por tanto, tampoco con el ser humano; en cambio, el hombre, al ser finito, tiene límites que tocan lo infinito. Por eso, el ser humano se vuelve divino al experimentar sus propios límites.[1] Todo cuanto es racional o irracional, lo es dentro de unos límites; la libertad, en cambio, lo único divino en el ser humano, se halla más allá de lo racional e irracional. Sólo soy libre por lo que me supera (trasciende): sólo me encuentro a mí mismo allí donde al mismo tiempo me pierdo.

Podemos definir de diversas maneras este estado de la libertad. Pero de ningún modo podemos llamarlo racional. Al proporcionar un denominador común a la historia universal, a Dios y al espíritu absoluto, Hegel dio la espalda a la libertad. La libertad racional no es libertad. Lo racional siempre tiene límites; la libertad, en cambio, es ilimitada.

1. Georges Bataille, *Le Coupable* [El culpable], en *Oeuvres complètes,* vol. 5, París, Gallimard, 1973, p. 350.

En nombre de Dios, pero sin el espíritu divino: así se caracteriza la concepción histórica basada en la razón, que a mediados del siglo XVIII sustituye las historias universales escritas sobre la base de la historia cristiana de la salvación. La interpretación hegeliana de la historia subordina todo lo «divino» a lo que está bajo control humano. En definitiva, todo lo remite tácitamente al ámbito de la política, y un síntoma de ello es el hecho de buscar la explicación de todo. Incluso de aquello que no la tiene. Obedeciendo al proceso moderno de secularización, no busca lo divino ilimitado oculto tras la política, sino todo lo contrario: en todo momento trata de interpretar lo divino ilimitado (o sea, lo que resulta incontrolable para la mente humana) desde puntos de vista políticos. Hablando de las tribus germanas, Hegel observa, por ejemplo, lo siguiente: si bien vivían en comunidades, lo suyo no era un Estado político, por lo cual «aún vivían al margen del ámbito de la historia universal».[1]

Desde que a partir de la segunda mitad del siglo XVIII todas las cuestiones culturales y teológicas adquirieron un cariz cada vez más político, en una medida desconocida hasta entonces, la propia libertad se vio dañada. O, para ser más precisos (porque lo ilimitado no puede sufrir daño), se le prestó cada vez menos atención a la libertad. La fe en la exclusividad de las soluciones políticas tiene desde luego un color implícitamente religioso, teológico (como decía Donoso Cortés a mediados del siglo XIX, no existe cuestión política que no oculte cuestiones teológicas). Pero como las cuestiones teológicas (o sea, referidas a la libertad divina) fueron desplazadas a un segundo plano por la cuestión de la posibilidad de dirigir y con-

1. Hegel, *Vorlesungen...*, *op. cit.*, p. 618.

trolar, la fe en la trascendencia perdió cada vez más fuerza.

Es cierto que en la filosofía hegeliana –como en toda la cultura occidental actual– la palabra «Dios» aparece al menos tantas veces como la palabra «razón». Pero este concepto de Dios funciona más bien como unos bastidores tras los cuales se guarda gran cantidad de cosas que en absoluto pueden calificarse de divinas. El criterio fundamental de la política que se desprende de la filosofía hegeliana de la historia consiste en que los hombres la hacen por sus propias fuerzas y sobre la base de la supuesta razón (que los rivales políticos, basados en su propia razón, califican de sinrazón), pero sólo al precio de la exclusión de todos los puntos de vista que son incontrolables, inexplicables, «irracionales». Desde la época de Hegel, la política no sólo significa una iniciativa humana empeñada en abarcarlo todo, sino también exclusión, división, desintegración, o sea, represión por doquier. En palabras de Carl Schmitt: «La burguesía liberal quiere... un dios, pero que no sea activo; quiere un monarca, pero que carezca de poder; exige libertad e igualdad y, no obstante, limita el derecho de voto a las clases pudientes para asegurar a la cultura y a la propiedad la influencia necesaria sobre la legislación, como si la cultura y la propiedad dieran el derecho a reprimir a las personas pobres e incultas; suprime la aristocracia de la sangre y de la familia y permite en cambio el dominio descarado de la aristocracia del dinero, la forma más vulgar y estúpida de la aristocracia; no quiere ni la soberanía del rey ni la del pueblo; ¿qué quiere, de hecho?».[1]

1. Carl Schmitt, *op. cit.*, p. 76.

Cuando se pierden el infinito y la trascendencia detrás de las cosas últimas, ya no puede hablarse de libertad. Un dios sometido a la razón no es un dios de la libertad, sino el de la política, de la conquista y de la colonización. La secularización es la religión de este dios moderno. Y la historia es a su vez –vista desde la perspectiva de Hegel– la historia de la secularización. Dostoyevski podía sentir con toda razón que Hegel no sólo expulsaba Siberia (y a él mismo) de la historia, sino que, como un misionario, intentaba convencer a toda la humanidad de la necesidad de considerar historia sólo aquello que la censura de su sistema racional admitía como tal.

Hegel no dedicó muchas palabras a Siberia. La explicación es sencilla: justo antes, el filósofo acababa de tratar de África, la cual también quedaba fuera de la historia. Ejecuta la expulsión de África con tal placer, con tal inspiración poética, que su ímpetu creativo queda visiblemente agotado. Y lo que dice sobre África es también válido para Siberia. En ambos casos, la exclusión y el rechazo se basan en el mismo motivo: el terror ante aquello que resulta inconcebible para la mente europea, el temor a lo incomprensible, el espanto ante la oscuridad. Sin embargo, lo más revelador es precisamente el inesperado apasionamiento de Hegel. Al rechazar África y Siberia, está negando algo que lo ha afectado visiblemente en su interior. Hegel no sólo explota sus sentimientos, sino que niega incluso su propio yo oscuro, todo lo terrorífico, espantoso y monstruoso que desde luego no rechazaría con tal vehemencia si no encontrara sus raíces en su propio corazón. Describe con pasión infatigable las crueldades supuestamente irrefrenables cometidas en África, escribiendo casos y más casos, anécdotas e historias de terror, y sin descubrir ninguna alegría ni belleza ni nada susceptible de provocar asombro. Tal pasión revela en primer lugar que Hegel no le tenía miedo a África (en Berlín podía sentirse seguro), sino que estaba en pie de guerra con sus propios instintos. El filósofo caduco, que se había alejado años luz de la experiencia de la libertad, forjó una filosofía de la historia, una explicación de la existencia, con el fin de practicar una autoterapia. Sin embargo, es posible que en lo más recóndito de su corazón sólo deseara decir, como más tarde harían Rimbaud y Genet: soy un negro.

La historia no es posible en África, afirmaba, pero su argumento difícilmente podría resistir la prueba de la racionalidad: «Ese país dorado que ha permanecido densamente en sí mismo, ese país de la infancia que, al margen del día de la historia consciente de sí misma, vive envuelto en los colores oscuros de la noche»,[1] no ha contribui-

---

1. Hegel, *Vorlesungen...*, *op. cit.*, p. 170.

do en nada a la cultura. ¿Qué rechaza Hegel aquí con una sola frase? El oro brillante, la edad de la infancia y la noche. El oro denso con el que no han acuñado monedas todavía y que deslumbra como el Sol; la noche, que en este caso supera incluso la comprensión consciente y cuya oscuridad no se distingue en mucho de la que existe en el interior del cuerpo; y, por último, la infancia, cuando los deseos aún pueden desarrollarse y manifestarse libremente, como en un estado paradisíaco. Algunos de los psicólogos contemporáneos de Hegel —como Gotthilf Heinrich Schubert, a quien Freud demostraría luego un gran reconocimiento, o Carl Gustav Carus, cuya *Psiqué* Dostoyevski quiso traducir con Vrangel en Siberia— sin duda se habrán percatado de que Hegel se arredraba ante algo al definir África. Tal vez ante algo que Freud, observando precisamente la acumulación de represiones hegelianas en la cultura, llamaría luego análisis. Poco después, quizá debido a un lapsus, Hegel califica de «paradisíacas» las condiciones africanas; acto seguido, sin embargo, se impone la mente sobria y rechaza aquello que más anhela el hombre. Precisamente la situación paradisíaca no es perfecta, dice, puesto que la inocencia no es un estado digno del hombre: «Sólo el niño y el animal son inocentes (*unschuldig*); el hombre debe tener culpa (*muss Schuld haben*)».[1]

En lo más hondo del rechazo al estado paradisíaco se halla la incomprensión ante formas de vida inaccesibles para el pensamiento europeo (o racional, para emplear otra palabra). Hegel se arredra ante el paraíso como un científico moderno ante la idea que Dostoyevski expresó de este modo: Dios, si quisiera, haría posible que dos por dos fueran cinco. Volviendo sobre el tema, Hegel señala que no existe

---

1. Hegel, *Vorlesungen...*, *op. cit.*, p. 757.

ningún método para colocarnos en la naturaleza de los africanos y vivirla; por eso, lo incomprensible no se le presenta como una maravilla, sino como salvajismo y desenfreno. Los baños de sangre, el respeto desmesurado (irracional) a los muertos, la falta de consideración a la vida humana, los hechizos, las misteriosas ceremonias, todo ello debe de resultar aterrador para un catedrático europeo de principios del siglo XIX. Mirando atrás desde el presente resulta, sin embargo, igualmente aterrador el hecho de que este catedrático –remitiéndose al punto de vista «puro» de la racionalidad– proceda en el fondo igual que quienes llevan tiempo colonizando el «paraíso» e invocando para ello, en parte, principios cristianos a los que Hegel también solía recurrir con reveladora frecuencia. Al final, aquello que demostraba ser irreductible e inaccesible acabó sometido mediante las armas y la mente.

Esta violencia física y teórica es una consecuencia del atentado cometido contra el espíritu al forzar lo ilimitado a reducirse y situarse entre unos límites. «Cualquier pecado o blasfemia les será perdonado a los hombres, pero la blasfemia contra el Espíritu no les será perdonada» (Mateo, 12, 31). A Dostoyevski sin duda le vinieron a la mente estas palabras al leer cómo Hegel definía África. Al ofender al espíritu, el ser humano comete un pecado contra las dimensiones divinas de la existencia y también pone en riesgo, lógicamente, su propio equilibrio psíquico. El último perjudicado por la secularización no es Dios, sino el ser humano, cuyo espíritu se ve limitado a la mente y a la razón en el curso del intento de destronamiento.

Tras el rechazo vehemente de África y de Siberia se esconde el deseo secreto de asesinar a Dios. Hegel fue víctima de la fe errónea en la capacidad de explicar lo inexplicable. Por supuesto, no sólo no lo consiguió, sino que se mutiló a sí mismo: negó dentro de sí el deseo ancestral (y divino) de lo desconocido, de lo ilimitado y desmesurado. Al hojear las páginas dedicadas a África, veremos a negros condenados a ser ejecutados y aniquilados, de un lado, y a un blanco de alma mutilada que no cesa de pasar miedo. Tiene miedo del oro macizo y deslumbrante, de los niños, de la noche, de los muertos, de los héroes de piel negra que se suicidan cuando son heridos, de las mujeres capaces de matar como la Pentesilea de Kleist –la cual luchaba con elefantes africanos–; tiene miedo de los verdugos sentados al lado de los reyes negros, de esos seres impredecibles que nacen y mueren igual que él, pero eligen una manera radicalmente distinta de soportar la vida; tiene miedo de aquéllos cuya osadía no posee límites y que son capaces de dilapidar la vida de manera apasionada. Y, a juzgar por su tono asombrosamente impaciente e irritado, teme su propio miedo. Tiene miedo de todo cuanto no puede captar con la razón. Pero sobre todo tiene miedo de Dios, de su libertad incontrolable que obliga al ser humano a salir de sí mismo. No es de extrañar que respire aliviado al final de la liquidación: «Por eso abandonamos ahora África, para no volver a mencionarla. Porque no es un continente histórico».[1]

El protagonista de las *Memorias del subsuelo* escribió en 1864: «Sobre la historia universal se puede decir cualquier cosa, todo cuanto se le ocurra a la imaginación más desvariada. Lo único que no puede decirse es que sea racional. La primera palabra ya nos quedaría atascada en la

1. Hegel, *Vorlesungen...*, *op. cit.*, p. 185.

garganta».[1] La referencia de Dostoyevski no deja lugar a dudas. Desde que se perdió la certeza universal que Chéjov formuló en *Las tres hermanas* diciendo que algún día habría una explicación para todos los sufrimientos que vivimos en la tierra, desde entonces el hombre vive en continuo temor y temblor. Y desde entonces no cesa de construir la historia como hiciera Hegel, para consolarse con la esperanza de la civilización y con el progreso infinito de la humanidad. La fe espasmódica en la razón sirve para soportar el terror provocado por la falta de Dios. Y si luego alguien, como Dostoyevski o Nietzsche, llama la atención sobre la fragilidad de dicha creencia y describe que todo cuanto se llama historia es en

1. F. M. Dostoyevski, *Feljegyzések az egérlyukból,* en: *Elbeszélesek és kisregények* [*Memorias del subsuelo*, Madrid, Cátedra, 2006], Budapest, 1973, p. 695.

gran parte construcción, anteojeras, meca-
nismo de defensa, entonces todo se cae en
pedazos: se esfuma la razón, se desintegra
la confianza depositada en la verdad de las
ciencias y no queda nada que ocupe el lugar
del dios desterrado.

Podemos considerar una astucia divina el hecho de que Dostoyevski se con-
venciera de la existencia de Dios y del carácter imprescindible de la trascendencia
precisamente en Siberia, en esa tierra de
nadie supuestamente abandonada por la
providencia divina. Cuando se marchó de
Petersburgo en la Nochebuena de 1849,
dos días después de la comedia de la eje-
cución, no sólo dejó atrás la ciudad, sino
también Europa. Y cuando cruzó los Urales, fue como si no sólo hubiera abandona-
do el espacio, sino también el tiempo europeo (histórico). «Fue triste el instante en
que cruzamos los Urales –recuerda Dostoyevski en una carta escrita cuatro años más

tarde–. Los caballos y los trineos se perdieron en la ventisca. Nos bajamos, era de noche y nos quedamos ahí de pie, esperando que sacaran los trineos. Nos rodeaban la nieve y la tempestad; era la frontera de Europa, con Siberia delante de nosotros, y en su interior, el destino misterioso, y con todo lo pasado a nuestras espaldas; fue triste y me asomaron las lágrimas.»[1]

No obstante, la continuación de la carta permite deducir que en ese misterioso destino le aguardaba algo que tal vez no habría recibido en su casa, en Europa. El sufrimiento y la desesperación se volvieron desmesurados y lo condujeron a la experiencia de lo ilimitado (de lo divino). Sucedió desde abajo, desde la dirección contraria, evitan-

1. Carta a M. M. Dostoyevski, 22 de febrero de 1854, en F. M. Dostoyevski, *Tanulmányok, levelek, vallomások* [Estudios, cartas, confesiones], Budapest, 1972, pp. 450-451.

do todo aquello en que podría haber participado en Europa: «No contaré lo que ocurrió en estos cuatro años a mi alma, a mi fe, a mi mente y a mi corazón. Sería largo. Pero la continua introversión, a la cual huía ante la amarga realidad, trajo sus frutos. Ahora tengo muchos deseos y esperanzas que hasta ahora ni siquiera intuía. Pero todo esto es un enigma, y por eso lo dejamos». Y poco más tarde: «Estoy satisfecho con mi vida». Escribe estas palabras en 1854, en pleno destierro, quizá al concluir un día en que, en compañía de Vrangel, acababa de estudiar a Hegel.

¿A qué enigma se refería? Dostoyevski dedicó todo un libro a relatar sus experiencias. Lo tituló *Apuntes de la Casa Muerta*, cosa extraña por cuanto en él sólo habla de personas vivas que, además, ni siquiera se preparan para ser ejecutadas. Los innumerables rostros que hace desfilar no nos recuerdan a muertos, sino más bien a condenados: condenados no sólo trasladados de Europa a Siberia (en cuanto prisioneros políticos), no sólo expulsados de la historia (conforme a la razón hegeliana), sino desterrados del reino de la salvación al infierno. Este infierno no se distingue en mucho del infierno de Dante, de aquél que, un siglo más tarde, también en Siberia, servirá de consuelo a Ósip Mandelstam. Con este libro, Dostoyevski escribió una Biblia del infierno, esa Biblia de la que William Blake afirmó una generación antes, al final de *El matrimonio del cielo y el infierno*, que se hallaba en su posesión y que el mundo, quisiera o no, la tendría. ¿Por qué a toda costa una Biblia? He aquí la respuesta de Blake: «El hombre debe y quiere tener una religión; si no tiene la religión de Jesús, tendrá la religión de Satanás y erigirá la sinagoga de Satanás, lo llamará el príncipe de este mundo, lo llamará Dios; y destruirá a todos cuantos no adoren a Satanás bajo el nombre de Dios» (*Jerusalén*).

Vemos el infierno en este libro, única y exclusivamente el infierno. Pero Dostoyevski no habría podido dibujarlo con trazos tan múltiples y multicolores si no hubiera estado seguro de la existencia del purgatorio y del paraíso. Es cierto que no los nombra en ningún momento. Pero el hecho de que represente el infierno básicamente como desmesura demuestra que Dostoyevski buscaba en lo finito sobre todo lo infinito. Sin duda, era un psicólogo genial; pero lo que describe, el infierno siberiano, no conmueve tanto por el hecho de que sea un buen observador, sino más bien por su capacidad de descubrir lo ilimitado en lo limitado. Buscaba lo divino, a pesar de que precisamente en ese libro utiliza bastante poco tal palabra. Pero lo perseguía incluso allí donde las evidencias apuntaban a la ausencia de lo divino. La condición previa para encontrar a Dios es en este caso caer de la historia para pasar al infierno evidente.

Existe la salvación del infierno. De hecho, a juicio de Dostoyevski, la salvación no es concebible sin la experiencia del infierno. En una ocasión dijo a Vsévolod Soloviev, hermano mayor del filósofo Vladímir: «¡Fue una gran felicidad para mí: Siberia y los trabajos forzados! Dicen que aquello es terrible e indignante, se habla de una indignación justificada... ¡vaya estupidez! Sólo allí empecé a vivir de manera feliz y saludable, sólo allí me comprendí a mí mismo... a Cristo... al hombre ruso, y sólo allí tuve la sensación de ser ruso, de ser hijo del pueblo ruso. ¡Mis mejores pensamientos surgieron en aquel entonces y ahora sólo vuelven, aunque nunca con la misma claridad! ¡Oh, ojalá lo llevaran a usted a los trabajos forzados!».[1] Y Miliukov, otro conocido, apuntó lo siguiente: «Dostoyevski [...] daba las gracias a su destino porque el destierro le permitió comprender a fondo al hombre ruso y, en consecuencia, pudo entenderse mejor a sí mismo».[2] El propio Raskólnikov vive Siberia como una salvación: su vida allí es «la historia de su paulatino renacimiento, de su paso paulatino de un mundo a otro, de su descubrimiento de una realidad nueva y para él, hasta entonces, del todo extraña». Así concluye Dostoyevski *Crimen y castigo*.

Esto lo distingue de Hegel, quien, en cambio, utiliza con mucha más frecuencia la palabra «Dios». Hegel no quiere saber nada de un mundo diferente y desconocido: sólo le concede la posibilidad del

1. En *Istenkeresö, pokoljáró* [Buscador de Dios, viajero del infierno], *op. cit.*, p. 330.
2. *Ibid.*, p. 111.

progreso al mundo presente y conocido. No existen los abismos que atraviesan la existencia; Hegel es partidario de las transiciones suaves y carentes de sacudidas, es decir, mesuradas. Por eso aplica con tal persistencia y obstinación el método dialéctico: en sus manos, la dialéctica es el instrumento para instalarse cómodamente en lo dado, en lo existente, es el arma de la razón. Kierkegaard observará más tarde que la dialéctica es «la quimera que en Hegel lo explica todo y al mismo tiempo lo único que Hegel jamás intentó esclarecer».[1] No es de extrañar que no lo intentara: al fin y al cabo, la dialéctica propicia la represión y el silenciamiento. Y, como todo principio explicativo, es también el instrumento para derribar a Dios de su trono.

1. Søren Kierkegaard, *Félelem és reszketés*, Budapest, 1986, pp. 68-69 [*Temor y temblor*, Madrid, Alianza, 2005.]

Hegel no conoce el infierno. De un lado, el destino lo trató benévolamente en comparación con Dostoyevski. De otro, no quería saber nada de él, por principio. La concepción de la historia que seculariza en nombre de la razón despoja al ser humano de toda trascendencia. No sólo de Dios, sino también del Demonio, no sólo del infierno, sino también del paraíso. Resulta revelador que Hegel se sintiera dispuesto a ver la proyección infernal de la existencia precisamente cuando trataba del continente africano excluido de la historia. En África sólo ve cosas que aspiran a ser descritas por la pluma de un Dante. Por eso mismo expulsó ese continente de la historia. Obedeció a una de las leyes fundamentales de la civilización moderna: marginar el sufrimiento de la vida, aunque sólo pueda llevarse a cabo al precio de los mayores sufrimientos. (Los grandes crímenes del siglo XX fueron cometidos en nombre de la ideología de la salvación, invocando el bienestar de la mayoría. Dostoyevski veía con toda razón que el gran vuelco de la cultura se produciría justamente en el siglo XX: «Todo depende del siglo que viene»,[1] escribió.)

Hegel, en vez de intentar comprender al menos a través del alma el infierno africano (que forma parte de la existencia igual que el sistema estatal prusiano), le da la espalda aterrado. No se puede penetrar en la naturaleza de los africanos, dice; son ajenos a nuestra conciencia, afirma, con lo cual se exime de cualquier análisis. Esto explica que tampoco tome nota del paraíso, al que también entreví, sorprendentemente, en la infernal África. El infierno y el paraíso se presuponen el uno al otro; Hegel, en cambio, sólo quiere ocuparse de la historia. O, dicho de otro

1. Véase Czesław Miłosz, *Das Land Uro* [La tierra de Uro], Colonia, Kiepenheuer & Witsch, 1982, p. 87.

modo, únicamente muestra comprensión por un estado del mundo cuya característica decisiva consiste en considerar naturales las limitaciones impuestas a uno mismo y, en lo más hondo del corazón, considera contrario a la naturaleza y hasta punible cualquier intento de transgredir los límites (y acercarse a lo divino). «Nuestra mente, que se ha adueñado de tantas irracionalidades desde la infancia —escribiría luego Lev Shestov—, ya es incapaz de defenderse, lo acepta todo, salvo aquello de lo que siempre nos han protegido, esto es, la maravilla o, dicho de otro modo, lo que ocurre sin motivo... (y eso que) la evolución del mundo no es en absoluto natural: lo natural sería que no existiera nada, ni mundo, ni evolución.»[1]

1. Lev Shestov, *Dostojevszki és Nietzsche* [Dostoyevski y Nietzsche], Budapest, 1991, pp. 274-275.

Quien no percibe ni el paraíso ni el infierno, sólo ve como presupuesto exclusivo de la existencia la realidad objetiva que prescinde de cualquier trascendencia. Para él, la salvación no es la libertad sino aquello que es y que, siendo, es al mismo tiempo racional. La evolución posterior demostró sin lugar a dudas hacia dónde lleva esto. El hombre ha sido vencido por aquello que es, ha sido vencido por los objetos, por su propio saber. A partir del momento en que se desintegró la certeza de la trascendencia, el espíritu se puso de forma cada vez más visible al servicio de las soluciones técnicas. Citando la idea de Hans Jonas: el pensamiento en torno a la naturaleza fue sustituido por la explotación de la naturaleza.

A partir del siglo XVIII se planteó con una insistencia hasta entonces nunca experimentada la cuestión de la autonomía, es decir, de si el hombre es el dueño y señor de sí mismo. Aunque las respuestas fueron muy diversas, el curso de la historia o, en general, la idea de la historia desarrollada desde ese momento, según la cual es el propio ser humano quien hace la historia (Turgot, Hegel, Marx), demuestra de manera inequívoca que se impuso la fe en la autonomía. Uno de los requisitos previos consistió en que el hombre se vio obligado a verse como Dios, puesto que hasta entonces sólo de Dios podía imaginarse que fuera dueño y señor de sí mismo. La secularización no sólo supone el destronamiento de Dios o su expulsión más allá del horizonte humano, sino que el hombre se atribuya facultades divinas: desempeña el papel de Dios siendo un ser no divino. Sigue viva la necesidad de la religión (de la trascendencia), pero se manifiesta precisamente en un rechazo casi apasionado de la trascendencia, a través de numerosos desvíos del autoengaño. El mandato moderno con que se niegan los mitos sólo puede compararse con el carácter general e imperativo de los mitos. El mito es rechazado míticamente (evocando el mito de la política, de la técnica, de la economía). El mito que se niega a sí mismo, la fe que se pretende saber, he ahí el infierno gris, he ahí la esquizofrenia universal con que Dostoyevski se tropezó en el camino.

La fe en un dios permite al ser humano soportar el temor a la muerte: sólo para un dios no es misterio el misterio de la gestación y la destrucción. Al confiar en Dios, el hombre se concilia con lo desconocido que hay antes del nacimiento y después de la muerte. Cuando rechaza al dios y pone su propia autonomía a la cabeza de todo, se deteriora también su relación con lo desconocido. Se puede expulsar a Dios, pero no el estremecimiento que produce el enigma de la existencia. Este enigma sólo se puede reprimir, como hizo Hegel, quien ofreció un grandioso ejemplo de ello. «No cabe la menor duda de que la creación no puede derivarse en absoluto de una existencia que se asemeja a la no existencia –escribe Shestov respecto a Hegel– y menos aún puede derivarse de la creación ningún objeto concreto. El devenir hombre de Jesucristo no se puede deducir de un modo dialéctico.»[1] En las manos de Hegel, la dialéctica es la tecnología punta de la represión, así como la técnica, que inició su vertiginoso desarrollo precisamente en la época de Hegel, demostró ser el método más oportuno para que el ser humano no sólo se creyera el señor exclusivo de todo sino que negara también el estremecimiento.

La técnica no es culpable del asesinato de Dios, sino más bien el instrumento para enterrar el temor que la muerte de Dios provoca al hombre. El horror reprimido

---

1. Lev Shestov, *Spekulation und Offenbarung* [Especulación y revelación], Hamburgo y Múnich, H. Ellermann, pp. 51-52.

aflora tarde o temprano, como es natural. Y no necesariamente como síntoma del alma herida (como catástrofe individual), pues toda la cultura está herida, y ello ha iniciado una serie interminable de catástrofes. Dostoyevski estaba convencido de que la humanidad acabaría hundiéndose en la esclavitud definitiva cuando quisiera salvarse a sí misma. El siglo xx, con sus catástrofes políticas, tecnológicas y ecológicas, le da la razón. No se trata de accidentes sino de las consecuencias ineludibles de la fe en la exclusividad del saber. A partir del momento en que el ser humano se impone el papel de Dios y considera que todo tiene solución, es capaz de sacrificar todo el universo con tal de demostrar que tiene razón.

En ningún momento puso Dostoyevski en duda que Siberia fuera el infierno, con todos sus horrores. Sin embargo, daba gracias al destino por haberlo desterrado a Siberia. Sufrió por ello, pero al mismo tiempo vivió como salvación el hecho de poder apartarse de la historia y de su gris racionalidad. Primero tuvo que precipitarse a las profundidades para luego alzarse a mayor altura, como aquellos prisioneros, compañeros suyos, que blasonaban de desesperados, «y este *desesperado* ansía a veces que le castiguen cuanto antes, espera que lo *sentencien*, porque, a la postre, acaba por abrumarle su afectada *desesperación*».[1]

Más tarde describió en sus novelas Europa, la cultura occidental de su época, o sea, todo cuanto demostró ser determinante durante aquel tiempo, y lo describió igualmente como infierno. No obstante, Siberia era el infierno porque llevaba en su interior el germen de la santidad; allí, el horror podía manifestarse de manera abierta y des-

1. Dostoyevski, *Apuntes...*, *op. cit.*, p. 1078.

mesurada. Europa, en cambio, le pareció un infierno porque allí era infernal la represión a la que se obligaba la civilización moderna: el estrangulamiento de la santidad, del sufrimiento, de la muerte y de la disposición para la salvación. Percibir el infierno también en lo cotidiano, en lo gris, en lo acostumbrado, en el término medio: eso hace de Dostoyevski un psicólogo demoníaco (o angelical). «Todos nos hemos deshabituado de la vida, todos somos más o menos inválidos. Tan deshabituados estamos que a veces casi sentimos repugnancia ante la vida verdadera, la vida "viva", y por eso mismo no toleramos que nos la recuerden»,[1] escribe el habitante del subterráneo. Frente al colorido infierno siberiano se alza el gris infierno europeo, ese infierno que en el siglo XX aparece en las obras de Kafka y de

1. F. M. Dostoyevski, *Feljegyzések az egérlyukból* [*Memorias del subsuelo*], *op. cit.*, p. 785.

Beckett, en el *Stalker* de Tarkovski, en la destrucción mecanizada y por tanto impersonal, en el autoolvido aparentemente definitivo provocado por la técnica.

Luis Buñuel dijo en una ocasión medio en broma que la universalidad de la fe terminó en el siglo XX porque la Iglesia había exagerado hasta tal punto los horrores del infierno que ya nadie se la tomaba en serio. Ahora que ya somos capaces de echar una mirada retrospectiva al siglo XX, tal vez podamos absolver a la Iglesia de tal acusación. No era ella la que exageraba. La realidad ha superado todas las imaginaciones relativas al infierno. Y lo ha vuelto gris, por lo que parece más temible que en la época en que lenguas de fuego, lagos de brea y horcas de hierro anunciaban su presencia. Ante esto se puede huir. Pero el hombre no puede luchar contra lo gris. El infierno gris se adelanta de manera imperceptible a cualquier imaginación y hace posible todo cuanto puede soñarse.

Todo, incluida la posibilidad de la autodestrucción. Se considera que la civilización europea nunca ha alcanzado un nivel tan alto como ahora. Sin embargo, jamás su existencia ha estado tan amenazada. Es como si nos enfrentáramos a una prueba última y terrorífica. A un apocalipsis que probablemente no será seguido de un apocatástasis. Y esto es una señal de que Dios, definitivamente, ha apartado de nosotros la mirada. Todos lo percibimos. El ser humano nunca ha sentido tanta autocomplacencia; parece un niño irresponsable que se ha quedado solo y puede hacer por fin lo que quiere. Pero, cuando cae la noche, no sabe qué hacer con su libertad y empieza a sentir miedo.

El crepúsculo, «el silencio eterno de los espacios infinitos», aún llenaba de temor a Pascal; el frío del mundo que perdió su centro aún hacía temblar a Nietzsche; y Heidegger, que quizá era el último, aún depositaba toda su confianza en un dios, pero su amargura denotaba la fragilidad de su esperanza. Sin embargo, nos hemos vuelto insensibles al temor, al temblor y a la desesperación de los filósofos. Se ha producido lo que antes resultaba inimaginable. La civilización parece haber olvidado de forma definitiva que su existencia se arraiga en algo sobre lo cual no ejerce ninguna influencia ni poder. No obstante, se siente confirmada por sus éxitos mundanos (técnicos en primer lugar). Se regocija de algo que también podría provocar su llanto, como el de Dostoyevski al leer las manifestaciones de Hegel. O provocar al menos la reflexión: ¿está siguiendo realmente el mejor camino?

La sensación de éxito puede ser tan intensa que hasta es capaz de derribar a Dios de su trono. Este destronamiento –la secularización– no se produjo de una manera espectacular, sino imperceptible. Matamos a Dios mediante la ambición, que en un principio hasta podía ser del agrado de Dios. Y esta ambición sólo consistía en buscar una solución para todo. La ambición se convirtió en *hybris,* cuando empezamos a buscar soluciones para aquello que, evidentemente, carecía de solución. Es decir, cuando incluso la trascendencia pasó a ser una cuestión práctica.

La civilización actual deposita toda su confianza en las soluciones prácticas y, tácitamente, deja entre paréntesis todo cuanto podría poner en peligro su optimismo. Sin embargo, los horrores no son meros fallos de funcionamiento, sino la otra cara de aquello que la civilización actual admira de manera tan evidente. Hegel, al describir a los verdugos africanos, reprochaba a los negros su falta de civilización; hablando igualmente de verdugos, Dostoyevski observa, en cambio, un refinamiento de la civilización: «¿No nos hemos dado cuenta todavía de que los sanguinarios más refinados eran, casi sin excepción, los señores más civilizados..?».[1] «En casi todos los individuos de la sociedad contemporánea se encierran, en germen, las cualidades del verdugo», escribe recordando Siberia; y cuando escribe, poco más tarde: «Por lo demás, el verdugo vive a sus anchas: tiene dinero, come bien y bebe vodka»,[2] sus palabras –referidas en este caso al siglo xx– adquieren una dimensión apocalíptica. Walter Benjamin podía afirmar con toda razón: «No existe nunca un documento de la cultura que no sea al mismo tiempo uno

1. F. M. Dostoyevski, *Feljegyzések az egérlyukból* [*Memorias del subsuelo*], *op. cit.*, p. 689.
2. F. M. Dostoyevski, *Apuntes...*, *op. cit.*, p. 1198.

de la barbarie».[1] La civilización europea, que ahora al inicio de un milenio todavía insiste en considerarse cristiana, idolatra la técnica en un grado que sólo puede compararse con la antigua adoración de Dios. Y ha permitido que el medio crezca hasta convertirse en fin y aplaste a su usuario. Nos encontramos en un mundo que empieza a convertirse en controlable de una manera total y sin permitir ningún resquicio, tal como esperaba el Creador. Posee atributos divinos, aunque se caracteriza precisamente por la falta –o la ausencia– cada vez más evidente de Dios.

El verdadero triunfador del siglo XX es la técnica. El medio «ateo», es decir, secular,

1. Walter Benjamin, «Uber den Begriff der Geschichte» [*Tesis sobre el concepto de historia y otros ensayos sobre historia y política,* Madrid, Alianza, 2021], en *Gesammelte Schriften*, vol. I, 2, Frankfurt/M., Suhrkamp, p. 696.

se ha convertido en un «fin divino», en la única trascendencia, y ha despojado al ser humano de sí mismo. Y lo ha derrotado con tal astucia que hasta le ha regalado la ilusión de ser el vencedor, a pesar de que es su esclavo. Sin embargo, el precio consiste en que el hombre olvide el carácter cósmico de su esencia. Y el verdadero infierno –el infierno convertido en gris– es este olvido, no el desbordamiento demoníaco de la técnica. Esto sólo es el resultado de la herida trágica del espíritu humano.

Buñuel explicó el fin de la fe tradicional como una consecuencia de sus exageraciones relativas al infierno. El verdadero infierno, sin embargo, no es tan colorido como se presenta en los cuentos. Antes bien, parece natural, sensato, lógico. Como el mundo de Hegel al que Dostoyevski regresó desde Siberia. El único lugar al que podía ir. Libre de todo encanto. Cuando la plenitud del Ser, el Todo cósmico, se reduce a un mundo técnicamente manipulable: eso es el infierno. No necesita ni diablos, ni lenguas de fuego, ni lagos de brea hirviente. Bastan el olvido y la ilusión de que la frontera del ser humano no es lo divino, sino lo palpable, y de que el caldo de cultivo del espíritu no es lo imposible, sino algo terriblemente racional y aburrido: lo posible.